DEDICATORIA

En memoria de Stuart 'Digger' Davies, y para todos aquellos que tuvieron el talento - pero no la suerte

NOTA DEL TRADUCTOR

Este libro ha sido traducido dándole mayor importancia al significado de las palabras traducidas del inglés, que a la "rima" o al "ritmo" cuando los había.

CONTENIDOS

AGRADECIMIENTOS

Me gustaría agradecer:

Asthouart por el diseño de portada

Integrantes de la banda virtual, *Permission* (Blet en la batería, Bletty en sintetizadores y guitarra, Tina en el bajo y Dim en guitarra principal y voz) por sus intentos de grabar algunos de los pongs

Alguien que compre este libro o busque grabar o realizar alguno de los pongs.

Y Sr Davies, cuya fotografía aparece en la portada, quien grabó con The Edgar Broughton Band en su álbum Bandages y tocó la guitarra con varias otras bandas, además de escribir y grabar su obra maestra musical inédita – *The River*.

SOBRE PONGS Y POEMAS

Hay dos poemas en este libro –
Mi padre es un Gorila y, *Recuerdo a Charlie.*
El resto son 'pongs'. La palabra pong, (en inglés las dos primeras letras de POem -poema- y las dos últimas de soNG -canción-) en el contexto de este libro, es un escrito que es un cruce entre poema y una canción. La palabra misma es un híbrido, creada por las primeras dos letras de poema y las dos últimas letras de canción. Los pongs fueron principalmente inventados en mi cabeza mientras conducía hacia y desde el trabajo en la autopista. Durante años, nunca fueron escritos. Simplemente llegué a recordarlos 'cantándolos' (uso el término vagamente) para mí mismo en mis viajes diarios.

En este libro no hay música con los pongs pero se han hecho intentos en el pasado para combinarlos con la música. Si n embargo, si trato de cantarlas, el resultado – para usar un coloquialismo apropiado – apesta, porque soy muy mal cantante. Si algún lector quiere ponerle música a alguno de los pongs estaría encantado de escuchar el resultado, así que por favor póngase en contacto a través de las redes sociales.

Sr Davies

Escucharíamos en la radio
En el estéreo
Los altavoces empujaron contra nuestras cabezas
Calor perezoso en el aire estático
En la Mecedora
Olvidada hace mucho tiempo
Todas las cosas que dijimos

¿Realmente importan ahora?

Noches de invierno en la orilla del río
En el pub bebimos
La música peleando en nuestras cabezas
Habitaciones malolientes y la parte trasera de las furgonetas
Sueños y planes
Flores botas perlas y cama

De visiones a fantasmas

Escalé una montaña hecha de vidrio
El futuro vino y es el pasado
¿Somos más de lo que logramos?
¿O lo que dejamos?

Vienen juntos
Cerca y Lejos
Cuando pienso en los días en que el Sr Davies
Toque la guitarra

Cigarrillo empalado
Y la cerveza que obtendríamos
De la tienda debajo de los pisos
Nubes apresuradas y un arroyo que grita
Alimenta el sueño Del Río
Triste la campana que dobla por eso

Sonando ecos a través de la noche

Una caravana perdida en el páramo
Más latas debajo
Como los barcos pasan en la noche
Un Celta pasando por un amigo rescatado
Al final de un viaje
Cuando no hay necesidad de pelear

Y la arena corre

Mientras ángeles solitarios caminan por las calles
Persiguiendo a dragones
Persiguiendo golosinas
Con la tarjeta de crédito de otra persona
Para vivir la vida
O sólo sobrevivir

En sombras de neón
De la barra
Escucho y espero: ¿el Sr Davies
Tocará la guitarra?

América

Cielo de terciopelo azul, cubierto de estrellas
Neón rojo y blanco, iluminan los bares
El arma en tu bolsillo, no te protegerá porque
Estas seguro de morir por los humos de los autos

América, América
¿Las estrellas estarán siempre allí para ver?
¿El neón brillará sin cesar?

Hijos del privilegio, hijos de la difícil situación
Soltar en el patio de recreo y listo para pelear
Ignorando la casa roja, apoyando la blanca
Abusando de la casa negra, de día y de noche

América, América
De las torres y las ruinas alrededor
Cada niño de las casas se asoma

El cuco ha nacido y su codicia no conoce de límites
Devorando culturas que mueren si un sonido
Se los traga, sin darse la vuelta
A los excrementos de coca deja en el suelo

América, América
De las semillas en el estiércol que siembras
¿Qué frutas es probable que crezcan?

De las olas en el este, a las olas en el oeste
El circo de sonrientes y vacilantes no descansará
Y aunque la prueba de la promesa,
Sabes que está en la prueba
Igual votas por la sonrisa y la ola que más te gusta

América, América
Buque insignia de las democracias para tener en cuenta
¿O un viejo bote apenas se mantiene a flote?

El Ojo del Huracán

Tú, que siempre robas cariño
Tú, que creías haber vencido al dolor
Te moviste en su dirección
Como un Huracán
Lo azotaste con tus vientos
Lo picaste con tu granizo
Lo dejaste sin importarle
Si viviera para contarlo.
    Ah, pero con tu experiencia
    No debería ser una sorpresa
    Si en las pequeñas horas de la madrugada
    El ojo del huracán llora

Los fantasmas están acechando
Los restos de tus sueños
El aullido en el viento
Se hizo eco en sus gritos
Pero la agitación que está dentro de ti
Te hace sentir extrañamente vivo
Y a pesar de ser la primera vez
Sabes que sobrevivirás
    Aunque la supervivencia no lo es todo
    A menos que el alma dentro de ti muera
    Entonces, ¿será la primera vez la última vez
    Que llore el ojo del Huracán?

Hay un lugar llamado, 'Retribución'
Donde crees que a veces te escondes
Donde el sacerdote da la absolución de
La culpa que sientes dentro
Y te gustaría pensar que vienen y vas
Pero eres la reina de Retribución
Sabes que nunca te has ido de allí
Y sabes que él nunca ha estado
    Y tu penitencia como sacarina
    No se puede disfrazar
    Cómo las lágrimas de culpa saben amargas cuando
    El ojo del huracán llora

Los ojos en tu reflejo
Han cambiado de azul a verde
Esta emoción peligrosa
Es algo imprevisto
Y porque por implicación
Has perdido la pelea
Te odias a ti mismo por preguntarte
Con quién está esta noche
    ¿Mostraría comprensión o desprecio?
    No puedes decidir
    Si supiera que esta noche
    El ojo del huracán lloró

Para ti

Bandas tejidas e hilos de colores
Un mundo de sombras, no de negro y blanco.
Una luna creciente, una cruz santa
Desde la noche al día, desde la ganancia a la pérdida
Una cosa a la vez incorrecta y correcta
Como diamantes en la tierra
Cosa de valor dentro del dolor
Un trato que se cerró
Una deuda que se paga
Una mesa puesta
Una cama deshecha
Las lágrimas corren, no hay vuelta atrás
Estás conduciendo por una vía de un solo sentido
Has tirado los dados, has jugado tu mano
No hay nada más que hacer que estar de pie

Aquí estoy
Aquí me quedo
Aquí siempre estaré
Para ti
Hasta que llegue el momento
Cuando el tiempo
Me lleve lejos
Soy tuyo

¿Soy bueno? No lo creo

Pero espero no ser tan malo
Una mezcla de imágenes y sonidos
Y algunas cosas bajo tierra
Espero en total dejarte contenta
Estuve alrededor por un tiempo
Te he hecho llorar, te he hecho sonreír
Cada luna y sol que pasa
Lamentablemente no pude hacer las cosas
He perdido el hilo
He fallado la prueba
Aunque si lo he intentado
Mis alas están rotas, no puedo volar
Eso no significa que no lo siga intentando

Aquí estoy
Aquí me quedo
Aquí siempre estaré
Para ti
Hasta que llegue el momento
Cuando el tiempo
Me lleve lejos
Soy tuyo

Chica con Ojos Marrones

¿Quién es esa chica en la multitud?
¿Dónde la ha visto antes?
Ella se para como una princesa tan orgullosa
Ella no es como las otras está seguro
Pero si él le preguntara
Ella no le diría mentiras
Ella contestaría,
"Soy simplemente la chica con ojos marrones."

¿A qué lugar llama hogar?
¿A dónde pertenece ella?
¿A dónde va?
¿De dónde viene?
Chica rica, chica pobre,
¿Una heredera disfrazada?
¿Ángel diabólico?
¿Quién es la chica con ojos marrones?

Aunque su corazón es cálido
Para acercarse a ella siente que se entrometería
A él le parece tan refinada
Él asume que ella lo encontraría tan crudo
Él debe tener cuidado
Él no se da cuenta
Él está cayendo
Enamorando de la chica de ojos marrones

Entonces un día ella se ha ido
Y él sabe que ha perdido su oportunidad
Para decirle cuánto le importaba
Y para quizás ganar todo lo que había deseado
Así que ahora está buscando
Y hasta el día en que muera
Él preguntará,
"¿Dónde está la chica de ojos marrones?"

Cielo Ayúdala Ahora

Él la ve parada junto a la puerta
Ella ha sido así algunas veces antes
Él no siente que pueda decir más
Esto no era lo que esperaba
    Cielo, cielo ayúdala ahora
    Cielo, cielo ayúdala ahora.

Hubo un tiempo en que los cielos eran azules
Él la amaba, y ella también lo amaba
Juntos verían las cosas a través
Pero ahora ellos no saben que hacer
    Cielo, cielo ayúdalos ahora
    Cielo, cielo ayúdalos ahora

Hubo un tiempo en el que ella podía ver
Las cosas que ella anhelaba ser
La vida que ahora es tan insulsa
Hubo una vez un plan tan grandioso
Ella ya no ve cielos azules
Ella ya ni lo intenta
Pero mientras la esperanza dentro de ella muere
En sus gritos de desesperación
    Cielo, cielo ayúdame ahora
    Cielo, cielo ayúdame ahora

Ve algunas pastillas tiradas en el suelo
La ve desplomada contra la puerta
Esto no era lo que esperaba
Ahora el sabe que podría haber dicho más
    Cielo, cielo ayúdalo ahora
    Cielo, cielo ayúdalo ahora

Hubo un tiempo en el que ella podía ver
Las cosas que ella anhelaba ser
La vida que ahora es tan insulsa
Hubo una vez un plan tan grandioso
Ella ya no ve cielos azules
Ella ya ni lo intenta
Pero mientras la esperanza dentro de ella muere
En sus gritos de desesperación
    Cielo, cielo ayúdame ahora
    Cielo, cielo ayúdame ahora

Aullar a la Luna

He visto arco iris, colores desplegarse
Visto rayos de luna plateados, luz del sol dorada
Pero nunca he conocido una mujer como tú
Brillas como el amarecer que se abre paso
Y nunca he entendido lo que me hacer
    ¿Entiendes la nieve en Junio?
    ¿Entiendes una canción sin melodía?
    Si lo haces entonces no es demasiado pronto
    Pero y si no entonces también podría aullarle a la luna

Y he escalado montañas, de papel y vidrio
Me paré en la puerta de entrada, me arrastré por el paso
Pero nunca supe quién eres
Aunque he mirado tanto de cerca como de lejos
Y nunca he entendido lo que ves el mí.
    ¿Entiendes la nieve en Junio?
    ¿Entiendes una canción sin melodía?
    Si lo haces entonces no es demasiado pronto
    Pero si no entonces también podría aullarle a la luna

Y he cruzado ríos, tan profundos y tan anchos
Sin embargo, busqué una línea costera, perdida en la marea
De eventos que fueron parte de tu vida
Equilibrio sobre el filo de un cuchillo
¿Por qué me diste tu vida?
    ¿Entiendes la nieve en Junio?
    ¿Entiendes una canción sin melodía?
    Si lo haces entonces no es demasiado pronto
    Pero si no entonces también podría aullarle a la luna

Mi Padre es un Gorilla

Nota explicativa: Este poema fue escrito en 1970 en Inglaterra. Refleja mi experiencia en el tiempo de cuando muchas mujeres casadas eran madres y amas de casa que cuidaban a sus hijos y cocinaban mientras el marido salía a trabajar – pero eso no iba a impedir que este padre tomara el papel de su esposa con entusiasmo, ¡cuando la necesidad lo exigía!

Nota del traductor: En el título del poema "Mi Padre es un Gorilla" la palabra "Gorilla" en inglés resulta un juego de palabras para "grilled" en castellano "parrilla" en el que el padre inserta la letra "o" en la palabra "grilled" (gorilled) para dibujarla.

Mi padre es un gorilla
Es absolutamente cierto
Cuando mamá estaba enferma en el hospital
Él tenía que hacer las tareas del hogar
Y desde que él había tenido noticias del doctor
Que demasiada grasa era mala
    El prometió reducir la obesidad
    A su manera, como verás
    Y muy cerca nos volvió locos.

Nunca olvidaré la primera noche
Del día en que mamá se fue
Llegamos a casa de la escuela y por la puerta trasera
Y gritó, "¿Qué hay para cenar hoy?"
Nuestro papá vino desde el salón
Con su presencia la cocina llenó
"Están todos engordando

Pero pronto lo detendré
¡Están comiendo pescado frito – pero g-o-r-i-l-l-e-d!"

Todo pareció suceder tan rápido
Y nuestras vidas cambiaron desde ese día
Tomates asados y tocino para el desayuno
Sándwiches asados para llevar
Nuestros palitos de pescado fueron asados por la noche
Y para la cena papá se jactó cómicamente
"¡Ya no asaré más
Podría aburrirse
En lugar de eso solo nos haré unas tostadas!"

Al principio nos lo tomamos todo con calma
Y creí que todo era por nuestro bien
Una dieta saludable y sin grasas
Se puede obtener asando la comida
Pero pronto comencé a sospechar vagamente
Y en él se deslizó un atisbo de duda
Ya que no sobran las dudas
Para tomar con repollo de Bruselas asadas
Cereales a la parrilla para nuestro desayuno
Chocolate caliente a la parrilla por la noche
No estoy diciendo que esté enojado
No digo que sea malo
¡Pero sentí que algo no estaba del todo bien!

La benevolencia de papá abrazó a toda la familia
Que incluía al pájaro, al perro y al gatito
Asó la semilla del periquito
Y tostó la carne para el perro
Ahora bien, no soy de sacar conclusiones apresuradas

O para condenar a un hombre, 'así sin más'
    Pero lo sentí extremo
    Cuando asó helado
    Como entremés para nuestro gato Horace

Su parrillada se volvió más excéntrica
Nos dolían los costados de risa al ver
Sus travesuras diarias de g-o-r-i-l-a
Sin embargo cada día me parecía menos divertido
Y un día queda grabado en mi memoria
El fondo de mis ojos lleva las cicatrices
    Papá tan blanco como los muertos
    Tristemente sacudiendo su cabeza
    En manjar blanco
    Goteando a través de los barrotes

Fue entonces cuando la extraña condición de nuestro papá
Tomó un cambio sutil para peor
Trasladó su obsesión por las parrilladas
A una maldición aún más potente
Regresamos y lo encontramos una tarde
Ojos vidriosos, pero brillando como estrellas
    Como un hombre ahogándose
    Había agarrado la parrilla
    ¡Y acariciaba con cariño los barrotes!

Decidí que este cambio era perturbador
Y no muy propio de un hombre
Así que bajé las escaleras durante la noche
Y escondí con cuidado la parrilla
"¿A dónde se fue?
¿A dónde se fue niños?" el suplico
"Bueno ya sabes papá todo es para mejor"

"No es justo," fueron las palabras que murmuró
Como luego lo sacamos de la cuneta
La rejilla del desagüe todavía se aferraba a su pecho

Su deseo por las barras en la parrilla
Se había transferido a un campo mucho más amplio
Se enfocaron diferentes barras una por una
Y varias franjas luego apelaron
Para sí mismo se volvió bastante peligroso
Y estuvo a punto de cobrar sus fichas
Mientras atravesaba el tráfico
Para presionar el radiador
De un autobús de dos pisos a sus labios

Recuerdo el angustioso momento –
Acabábamos de dejarlo sin coches –
Vio a una chica con una camiseta ajustada a rayas
Y trató de acariciar sus barras
Entonces la policía vino a arrestarlo
Y se fue sin problemas
Dijeron que estaba enojado
Dijimos, "Él es nuestro papá"
Pero se lo llevaron en un autobús.

Como dije, mi papá es un gorila
Por eso está encerrado en una jaula
En un intento de ser como él quería –
Un símbolo de nuestra época.
Con nuestra mamá ahora vamos a verlo
Si llueve, si nieva, si llovizna
Pero con rejas en la ventana
Y rejas en la puerta
Con barras en su chaqueta

Sombras de barras en el suelo
Nuestro papá no habla
¡Simplemente chisporrotea!

Una Última Canción

Luces traseras rojas por la mañana,
pasar el día escondido del sol
Luces traseras por la noche,
me pregunto adónde se ha ido el día.
Con Midas riendo de fondo,
Tutankamón viene a pagar.
Cuando le preguntas cómo se siente,
se vuelve hacia ti y lo oyes decir:

'He visto montañas en llamas
He escuchado el canto de Sirena
He tocado el deseo de mi corazón
Ahora me pregunto dónde se habrá ido todo.'

Dolor de corazón, dolor de corazón, dolor de corazón, ahora todo salió mal
Pero el cantante todavía cantará una última canción.

Una búsqueda interminable de castillos de hadas,
como pequeñas nubes llenan el aire
Abajo en el suelo el camino que recorre,
no te lleva a ninguna parte.
Sin más pensamientos de hacia dónde vas,
sólo de donde solías estar
No hay nadie allí, así que te dices a ti mismo,
con dignidad sentimental:

'He sido el pájaro en el alambre,

cantó la canción de medianoche del borracho
alcanzado para tomar el deseo de mi corazón,
el tiempo es demasiado corto y ya no está.'

Dolor de corazón, dolor de corazón, dolor de corazón, ahora todo salió mal
Pero el cantante todavía cantará una última canción.

Una habitación llena de humo, una mesa en un rincón.
Te preguntas por qué estás en este lugar
Y a través del vino que ahora llena tu cabeza,
quema la imagen de su rostro
Con palabras murmuradas sobre "simplemente de paso"
tropiezas con la puerta
Pero en sus ojos ves la pregunta
'¿Para qué has venido realmente?

He visto cientos de mentirosos
He oído las lenguas plateadas.
He sido el deseo de sus corazones –
'Todos pagaron y ahora se han ido.'

Dolor de corazón, dolor de corazón, dolor de corazón ahora todo salió mal
Pero el cantante todavía cantará una última Canción.

Tierras Lejanas

Gemma se pone su vestido de novia esta noche
Gemma se pone tacones altos esta noche
Ella va al lugar donde estará
Ir a donde ella no debería ir
El lugar que ella ha llegado a conocer
Las Tierras Lejanas

Adam se pone sus jeans esta noche
Adam sube a su limusina esta noche
Va a interpretar al hombre de la sombra
María se fue con los bebés a casa
Mientras Adam va a cazar solo
En las Tierras Lejanas

La señora se sube a su pequeño coche plateado esta noche
Navega para ver qué chicas salen esta noche
Ella ofrece gratuitamente las saludables herramientas del Comercio
¿Pero realmente se preocupa por ellos?
¿O sólo el dinero que traen
De las Tierras Lejanas?

Bobby se sube a su pequeño coche a cuadros esta noche
Se pregunta a quién atrapará esta noche
Gemma o Adam o mujer en su auto planeado
En sus ojos un lugar para limpiar
Pero es lo que le da sentido a su vida
Las Tierras Lejanas

La limusina una fantasía
El vestido de novia nunca será
Para cuidarlos ella apenas lo intenta
La noble causa un disfraz fino
Las Tierras Lejanas tienen una red enmarañada
De vidas

Gemma se desabrocha los jeans ajustados esta noche
Adam entrega el dinero en efectivo esta noche
La señora se sienta y sonríe
Como tantas veces antes
Bobby arrodillado en el suelo
Se asoma por el ojo de la cerradura desde la habitación contigua
En las Tierras Lejanas

Stephen

Esta maravillosa tierra
Que llamo hogar
Me parece increíble
Estás solo en una celda de prisión
¿Qué has hecho
Para merecer esto?
No has matado, herido o robado
Creo que hay algo seriamente mal

Como las criaturas en los campos
O los pájaros en el aire
Como la naturaleza había creado
Simplemente ibas desnudo.
Todavía las criaturas en el campo
Todavía los pájaros en el aire
Pero Stephen está en una prisión.
¿Sabe o le importa
A la iglesia
O el arzobispo?

Seguramente las leyes son para proteger
No simplemente para restringir
¿Perdemos de vista el bosque
Cuando nos enfocamos en los árboles?
Y como juzgamos
Y luego seguimos adelante
Hemos puesto nuestro granito de arena
Seguramente no hecho nada malo

Stephen ¿Escucharemos tu llamada?
¿Eres un hombrecito tonto
Que no importa en absoluto?
Stephen cuando se trata del destino
Como predijo Niemöller
¿Nos daremos cuenta todos
demasiado tarde?

El Diablo

Según la leyenda, El Diablo está encadenado y atado
Hasta que se puedan encontrar doscientos secuaces
Apuesto a que nunca supiste que el infierno era una democracia
Pero se necesitan doscientos votos para liberar a Satanás

En una posada llamada, 'La Casa del Infierno'
Que se encuentra en las afueras de la ciudad
Han abierto un puesto
Donde la gente puede poner sus nombres
Seguir a su líder tan pronto como sea liberado
Y registrarse como secuaces y esbirros por la eternidad

¿Quién resistirá y quién responderá al llamado?
Desde los ricos y los famosos
A los que no tienen nada en absoluto
Desde aquellos con un propósito hasta aquellos que están demasiado ciegos para ver
El caos que causarán si liberan a Beelzebub

En La Casa del Infierno la gente ha empezado a firmar
Hay doscientas firmas y dos millones esperando en la cola
Y arriba en la casa del vicario están en el jardín tomando el té
Y no tienen idea de que el diablo está por liberarse

Y después de la firma El Diablo cabalga triunfante
Para extender su red de corrupción por todas partes

Disfrazado por las mentiras de sus secuaces
Para que el mundo no vea
El infierno que han creado al dejarlo en libertad

¿Fue hoy o fue hace mucho tiempo?
¿Han firmado los secuaces o todavía están por aparecer?
De amigos que conoces y de personas que ves
¿Cuál crees que firmaría para liberar a Satanás?

Según la leyenda, El Diablo está encadenado y atado
Hasta que se puedan encontrar doscientos secuaces
Apuesto a que nunca supiste que el infierno era una democracia
Pero se necesitas doscientos votos para liberar a Satanás

Ayer

Tomó un poco de tiempo
Tomó un poco de rima
Ponlo todo junto para ti
No sé qué significa
No sé qué hace
Entonces, no sabré si se hace realidad

No estuviste ahí hoy como estabas antes
Puede que nunca vuelvas a estar ahí
Tú no eres mi esposa
Tú no eres mi amante
Ni siquiera eres mi amiga

Pero me encanta la forma en que cantas tus canciones
Me encanta tu forma de tocar
Entonces escribí esta canción
No tomó mucho tiempo
En memoria de ayer

El suelo está agrietado
El cigarrillo arde
Un joven también juega
El viejo mira
Fijamente el pasado que ha perdido
Y las cosas que debe enfrentar de nuevo

Su cuidador
O su amante
Está gritando para ser escuchado
Pero la cerveza es aislante
El no escucha una palabra

Y el camino que ha tomado está atrás en el tiempo
A donde solía quedarse
A la gente que todavía vive allí
Como fantasmas del ayer

Cada uno de nosotros tenemos tiempo
Cada uno de nosotros tenemos rima
Pero a veces se necesitan dos
Para encender la chispa
Que ilumina la oscuridad
Que deja que la canción brille.

Las canciones que cantaste
Las palabras que dijiste
Todavía resuena en mi cerebro
Sobre tiempos pasados
Sobre el amor perdido
Y un viejo tren de Nueva Orleans

Y me encantaría oírte cantar esta canción
Me encantaría oírte tocar
Pero si nunca nos volvemos a encontrar
Todavía tengo ayer

Recuerdo a Charlie

Este poema fue escrito entre principios y mediados de la década de 1970. Fue escrito por diversión. Nunca fue pensado para ser publicado para una audiencia mundial o pensado en la longevidad. El poema contiene referencias a personas que habrían sido familiares para cualquiera a quien se lo leí en ese momento, pero quien puede ser menos conocido por los lectores en 2022 y en los años futuros. También hay algún coloquialismo ocasional. Por lo tanto, he puesto algunas notas a continuación para aclararlo. Perdóname si estoy, "enseñando a la abuela a chupar huevos".

[Notas: SPM = 'Silencioso Pero Mortal'; Borg = campeón de tenis; Coe = campeón atlético; Ali = campeón de boxeo]

Recuerdo a Charlie – último en inglés
Recuerdo a Charlie – último en matemáticas
Recuerdo a Charlie – último en Historia
Por qué Charlie se presentó a los exámenes es seguramente un misterio

Recuerdo a Charlie solo en el patio de recreo
Recuerdo a niños grandes pateando a Charlie por todos lados
Recuerdo a Charlie, último en la carrera
Resoplando a casa detrás del resto, con la cara roja.

Pero recordaré a Charlie hasta mi último y moribundo día
No por todas estas estupideces ni por lo que solía decir
No, recordaré a Charlie por su único arte inmortal.
¡Recuerdo a Charlie porque Charlie podía tirarse un pedo!

Sí dioses él era una galleta
Lo juro por mi corazón
Un elefante sobre ciruelas pasas y frijoles
Nunca podría igualar su pedo

Pero, no me malinterpretes, Charlie no fue grosero
Charlie era un artista con los vapores de su comida

Grandes truenos aplauden
Pequeños demasiado pequeños para los mosquitos
Chirriadores de tono alto
Y pitidos intermitentes

Había algunos crujientes y con bordes ásperos
Que sonaban como una tos
Y grandes silbidos
Como Concord despegando

Hubo otros breves, agudos e impactantes
Y los soñadores y lentos
Los había secos y jugosos
Y los que rodaron y retumbaron
Y pequeños y astutos SPM que nadie jamás derribó

De los pegajosos casi silenciosos
A verdaderas galletas de culo
Que silbaba por la pierna del pantalón
Y se sacudió alrededor de sus testículos
Charlie fue el mejor
Charlie los hizo cantar

Charlie estaba tirando pedos
El rey indiscutible.

*

Si te imaginas a Borg en Wimbledon
O Coe en la pista
O Hércules o Francis Drake
El líder de la Manada
Si imaginas a estos grandes hombres
Creo que entenderás el mensaje
Ese Charlie era el Ali
Del flatulento trasero

Ahora puedo contarte cuentos
De cosas que no creerás
Como, Charlie mantuvo sus brazos calientes
Tirándose pedos bajo las mangas

Pero te lo diré de verdad
Si tuviéramos un simulacro de incendio
Tendríamos que abandonar el edificio
Y quedarnos quietos en el patio de recreo
Ahora bien, si hiciéramos las cosas bien
Del sonido de la campana
Todo duró cuatro minutos
(O eso he oído decir)
Pero bajo mi juramento lo juro
Oh si, te digo la verdad
Si Charlie dejara caer sus tripas
¡Podríamos despejar el lugar en dos!

En otro momento, cuando acampamos

El gas butano expiró
Entonces le metimos un tubo en el trasero a Charlie
Y esperó hasta que disparó
Ahora, te juro que te digo la verdad
En la tumba de mi abuela
Paleamos frijoles en un extremo
¡Y los cocinó al otro!
Pero, esto fue en los 'viejos tiempos'
Cuando todavía estábamos en la escuela
Antes de que Charlie fuera a la NASA
Para ser su combustible para cohetes

¿Crees que exagero
Del tesoro en común?
Pero Charlie estaba en la NASA
Lo que era la gasolina para Ford
La nave Apolo se encontraba en la plataforma
Pero todo estaba en suspenso
Sólo necesitaba su toque mágico
De gas quemado como propulsor

Le prometieron a Charlie dinero, oro
Incluso un anillo de diamantes
Si reprimiera su viento
Y lo pusiera en la cosa

Les pidió sólo un favor
Que lo dejaran ir
En la primera misión a la luna
Dijeron que así sería

Pero, una vez que obtuvieron su fragancia
Y la sellaron en la lata

Lo analizaron detenidamente y descartaron al pobre hombre.

Y cuando el primer hombre en la luna
Dio su primer paso para la humanidad
Charlie sintió que le hervía la sangre
Al quedarse atrás

*

En un pueblo cercano a Cabo Kennedy
Que Charlie llegó a conocer
Hay un pequeño restaurante
A donde van todos los astronautas

Ahora fue a este restaurante
Y pidió ciruelas y frijoles
(Una pequeña mezcla mortal,
Especialmente con sardinas)
Él lo metió
Y lo metió
Y luego pidió más
Pensó en Armstrong en el cielo
¡Incluso subiría el puntaje!

Sintió la mezcla trabajando
Como en los viejos tiempos
Cuando practicaba con las cenas escolares
El secreto de – 'EL SOPORTE'

'El Soporte' era lo más importante
Para aumentar el pedo
Lo dejarías reposar

Y lo dejarías reposar
¡Pero no lo dejes partir!

Preparar y mantener
Preparar y mantener
Un gorgoteo en las entrañas
El fermento nocivo de abajo
Preparándose para sorprender

Preparar y mantener
Preparar y mantener
Más frijoles
Más ciruelas pasas y luego…
No, no, todavía no
No es suficiente
Así que chúpalo de nuevo

Y con esta fórmula mortal
Diez días llenó y llenó
Y no pio ni un chillido
Desde entonces sus mejillas estaban hinchadas

Habría seguido adelante
Y lo habría hecho aún más
Pero incluso el poderoso Charlie
Estaba sujeto a la ley de la Naturaleza
Y aunque con Armstrong todavía en lo alto
El tiempo estaba fuera de lugar
Dentro de su cuerpo físico
El reactor se vuelve crítico
Había llegado al punto de fusión

Diez días de tensión. Diez días de dolor

Sabía que sus fuerzas estaban gastadas
Y tarde esa noche – un chasquido repugnante
Su músculo de esfínter se fue

Luego, con un sonido como el de las bombas atómicas
El aire alrededor estaba rasgado
Y el pedo más grande del mundo
Le derribó el recto

Los detalles de lo que pasó entonces
Deben quedar borrosos para siempre
De Este a Oeste, del Polo Norte al Sur
Se escuchó un fuerte golpe

Algunos dicen que fue el flambeado
En la mesa 33
Que provocó la combustión del metano
¿Pero quién estaba allí para verlo?

Porque, cuando el polvo se había asentado
Y cuando el humo se había disipado
La consecuencia del pedo de Charlie
Al mundo apareció

El contenido de su tubería de gas
Había subido en un instante –
El restaurante y la mitad del pueblo
Había reducido a cenizas

Qué pasó con el pobre Charlie
En el momento en el momento que dejó rasgar
Es cuestión de conjeturas
Y a menudo una broma grosera

Pero entre los titulares
De los periódicos del día siguiente
Aparte de 'Charlie Super Pedo'
Y 'La Ciudad Queda Destruida'
Había un pequeño titular
Que llamó mi atención
Justo en el momento de la explosión de Charlie
Pasó un cometa nuevo y sin nombre
A través del cielo de la tarde.

SOBRE EL AUTOR

Georgie Eliotwell nació en 1948 y en 2022 vivía en Kent, Inglaterra.

Si desea ponerse en contacto con Georgie – tal vez con vistas a realizar un pong o dos – entonces por favor póngase en contacto a través de las redes sociales.

Printed in Great Britain
by Amazon

31962578R00030